山梨日日新聞社

本書のご利用にあたって

　本書はYBS山梨放送が平日夕方放送している番組「てててTV」のコーナー「水曜はらペコ横丁！」を書籍化したものです。「はらペコ横丁」は、お店の紹介でつなぐリレー方式で2013年7月からオンエアされ、人気のコーナーとなっています。新着店舗の紹介のたびに、情報を手元でまとめて見たい、との声が多く寄せられ出版の運びとなりました。

　番組では、山梨放送のアナウンサーが直接お店に伺い、料理のおいしさやこだわりはもちろん、店内の雰囲気や店主様らとの会話を楽しくお伝えしています。

　本書ではコーナー開始からの約100店を基本的に紹介順で載せています。

　お店選びや山梨のグルメ巡りの際、この本が皆さまのお役にたてたら幸いです。

ご利用の注意

- 本書に記載した各店の所在地、電話番号、料金などは原則として2017年1月末現在のものです。料金のほかにサービス料などがかかる場合もあります。税込・税別の表記も各店からの情報に基づいており、消費税率の変動や食材の値段により変更されることもありますので、お出かけの際に改めてご確認ください。
- エリアごとの地図内の番号は、本書収録順とは異なります。
- 店舗を示す地図はあくまでも一つの目安としてアクセスの参考にしてください。
- 掲載店及び内容は放送時と異なる場合があります。
- 本書は各店のご厚意により「お得なサービス情報」をいただいておりますが、全店ではありませんので、ご確認の上、ご利用ください。有効期限は2017年6月30日です。ご利用にあたってのご注意は、「お得なサービス情報」の紹介ページ（P116～P119）に記述いたしました。必ずお読みください。

　出版にあたり、ご協力いただいた各店の関係者の皆様に感謝申し上げます。

CONTENTS

本書のご利用にあたって ……………………………………… 2
各エリア図 ……………………………………………………… 6
【コラム】多彩な食 楽しむ文化
　　　　　山梨放送アナウンサー　三浦　実夏 ………… 13

中華料理 天華 ………………………………………………… 16
イタリアンレストラン＆バー るびい ……………………… 17
お肉料理 佐渡屋 ……………………………………………… 18
すし処 魚保 …………………………………………………… 19
スイーツ＆ダイニング リロンデル ………………………… 20
miu's café …………………………………………………… 21
KAMEYAMA ………………………………………………… 22
旬味屋 福禄寿 ………………………………………………… 23
イル・キャンティ甲府店 …………………………………… 24
和風焼肉 和志牛 ……………………………………………… 25
元祖とんこつ久留米ラーメン 山亭 ………………………… 26
福寿司 ………………………………………………………… 27
和遊工房 どりき ……………………………………………… 28
大衆魚場 がり ………………………………………………… 29
横浜家系ラーメン 大黒家昭和本店 ………………………… 30
地酒 小料理 哲 ……………………………………………… 31
てっぱん 秀 …………………………………………………… 32
6（ろく） ……………………………………………………… 33
炭火焼肉 みゅうみゅう ……………………………………… 34
やきとり 鳥笑 ………………………………………………… 35
市場寿司 ……………………………………………………… 36
パスタ＆カフェ グラニータ ………………………………… 37
甲州地どり庵 一π …………………………………………… 38
トラットリア ピッツェリア イル・ポッジョ …………… 39
リストランテ カントゥ ……………………………………… 40
パスタと肴 MoRimoTo ……………………………………… 41
さの屋 ………………………………………………………… 42
maison de sato MIRABELLE ミラベル …………………… 43
洋麺屋 楽 ……………………………………………………… 44
オステリア・パノラミカ …………………………………… 45
日本料理 遊 …………………………………………………… 46

ムッシュー・オダ	47
クリザンテーム・シゲトモ	48
武蔵屋本店	49
新中国料理 大三元	50
割鮮 岡	51
ビストロ ミル プランタン	52
富士野屋夕亭 そば処 夕庵	53
寿司割烹 いづ屋	54
ルミエールワイナリーレストラン ゼルコバ	55
食事処 相馬	56
喜多八	57
ジョイアルカレーサロン甲府店	58
サドヤレストラン レアル・ドール	59
キュイエット	60
甲州牛 和こう	61
とんかつ 直治朗	62
中華レストラン さんぷく	63
焼肉 四季	64
串亭 福よし	65
割烹 おぶね	66
そば処 和家（なごみや）	67
千里	68
助六鮨	69
とんかつ 炭火串焼 一心	70
りょうり屋 恩の時	71
手打ちうどん 麦秋庵	72
レストランバー ハミル	73
うなぎ あけぼの	74
上海食堂	75
うまいもん屋 ふじまき	76
寿司割烹 魚茂	77
炭火やきとり トリコ	78
そば処 ことぶき	79
翁（おきな）	80
素透撫（ストーブ）	81
ふらここ食堂 FRACOCO Italian	82

CONTENTS

TRATTORIA tadarico	83
カントリーキッチン ロビン	84
ふぐの富久亭	85
びすとろ萄Pē溜	86
日本料理 松葉亭	87
欧風料理 カブーロ	88
スティル ドゥ ヤナギ	89
郷土料理 古今亭	90
麺屋 かばちたれ	91
焼肉 いっとう家	92
お好み焼 きゃべつ畑	93
酒彩 縁屋	94
創作料理 HIROSE	95
韓国ダイニング 味韓	96
御食事 割烹 花月	97
石臼挽自家製粉純手打蕎麦 一草庵	98
とんかつ とん季	99
つな亭	100
麺 は組 2号店	101
はじめの一歩 地どりのうえ田	102
焼肉マルキン	103
Kitchen's Bar Kū（クゥ）	104
横浜家	105
八ヶ岳倶楽部	106
但馬家幸之助	107
魚ZENZOW	108
おさかな屋 きたいさん	109
山梨石和温泉 ホテルふじ	110
ハイランドリゾートホテル＆スパ フジヤマテラス	111
パティスリー フルヴィエール	112
ショコ・ラ	113
お食事処 はくさい	114
れすとらん大清'	115
お得なサービス情報	116

甲府エリア

( )内の数字は掲載ページ。

至湯村温泉郷
緑が丘スポーツ公園
富士見通り
山の手通り
武田通り
JR中央本線
愛宕トンネル
飯田通り
甲府
県庁
甲府市役所
金手
善光寺
城東通り
別紙A
荒川橋
美術館通り
飯豊橋
遊亀通り
青沼通り
遊亀公園
JR身延線
千秋橋
昭和通り
アルプス通り
伊勢通り
荒川
甲府昭和IC
中央自動車道
南甲府
甲斐住宅
青葉通り
平和通り
国母
万才橋
至国母工業団地
小瀬スポーツ公園

- ❶ 花月 (P97)
- ❷ グラニータ (P37)
- ❸ 味韓 (P96)
- ❹ 鳥笑 (P35)
- ❺ レアル・ドール (P59)
- ❻ 一草庵 (P98)
- ❼ とん季 (P99)
- ❽ 松葉亭 (P87)
- ❾ 麺は組2号店 (P101)
- ❿ ムッシュー・オダ (P47)
- ⓫ 地どりのうえ田 (P102)
- ⓬ 横浜家 (P105)
- ⓭ kū (P104)
- ⓮ ハミル (P73)
- ⓯ るびい (P17)
- ⓰ マルキン (P103)
- ⓱ クリザンテーム・シゲトモ (P48)
- ⓲ 魚保 (P19)
- ⓳ みゅうみゅう (P34)
- ⓴ つな亭 (P100)
- ㉑ ショコ・ラ (P113)
- ㉒ 一心 (P70)
- ㉓ 和志牛 (P25)
- ㉔ あけぼの (P74)
- ㉕ スティル ドゥ ヤナギ (P89)
- ㉖ 6 (P33)
- ㉗ 千里 (P68)
- ㉘ 上海食堂 (P75)
- ㉙ ふじまき (P76)
- ㉚ 助六鮨 (P69)
- ㉛ 恩の時 (P71)
- ㉜ ジョイアルカレーサロン (P58)
- ㉝ 楽 (P44)
- ㉞ てっぱん 秀 (P32)
- ㉟ さんぷく (P63)
- ㊱ びすとろ萄Pē溜 (P86)
- ㊲ 富久亭 (P85)
- ㊳ 哲 (P31)
- ㊴ 福寿司 (P27)
- ㊵ 佐渡屋 (P18)
- ㊶ 天華 (P16)
- ㊷ 武蔵屋本店 (P49)

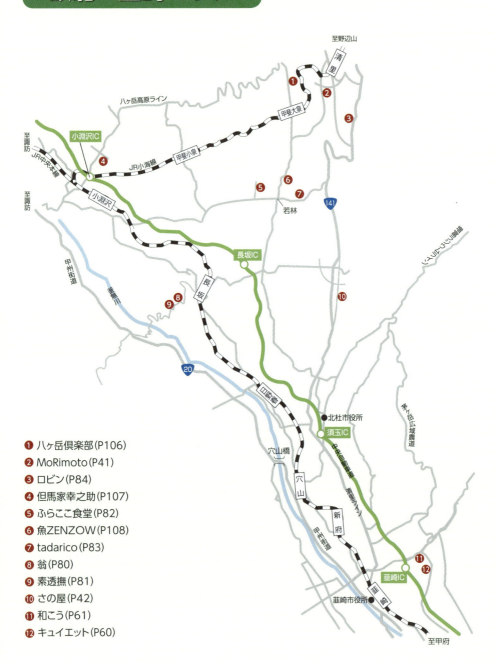

峡中・峡南エリア

（ ）内の数字は掲載ページ。

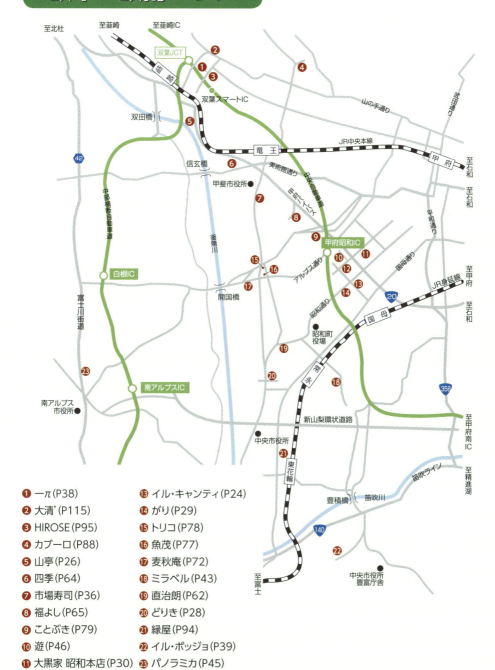

① 一π(P38)
② 大清'(P115)
③ HIROSE(P95)
④ カブーロ(P88)
⑤ 山亭(P26)
⑥ 四季(P64)
⑦ 市場寿司(P36)
⑧ 福よし(P65)
⑨ ことぶき(P79)
⑩ 遊(P46)
⑪ 大黒家 昭和本店(P30)
⑫ カントゥ(P40)
⑬ イル・キャンティ(P24)
⑭ がり(P29)
⑮ トリコ(P78)
⑯ 魚茂(P77)
⑰ 麦秋庵(P72)
⑱ ミラベル(P43)
⑲ 直治朗(P62)
⑳ どりき(P28)
㉑ 縁屋(P94)
㉒ イル・ポッジョ(P39)
㉓ パノラミカ(P45)

峡東エリア

（　）内の数字は掲載ページ。

- ❶ はくさい(P114)
- ❷ きたいさん(P109)
- ❸ いづ屋(P54)
- ❹ フルヴィエール(P112)
- ❺ 喜多八(P57)
- ❻ いっとう家(P92)
- ❼ 岡(P51)
- ❽ ホテルふじ(P110)
- ❾ 古今亭(P90)
- ❿ かばちたれ(P91)
- ⓫ 夕庵(P53)
- ⓬ 相馬(P56)
- ⓭ ゼルコバ(P55)
- ⓮ ミル プランタン(P52)
- ⓯ 大三元(P50)
- ⓰ きゃべつ畑(P93)
- ⓱ おぶね(P66)
- ⓲ 和家(P67)

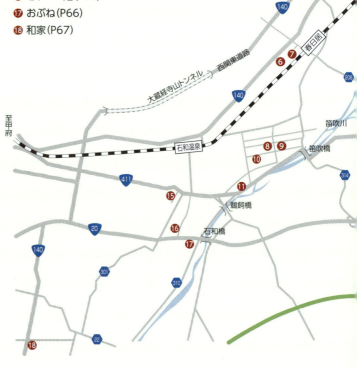

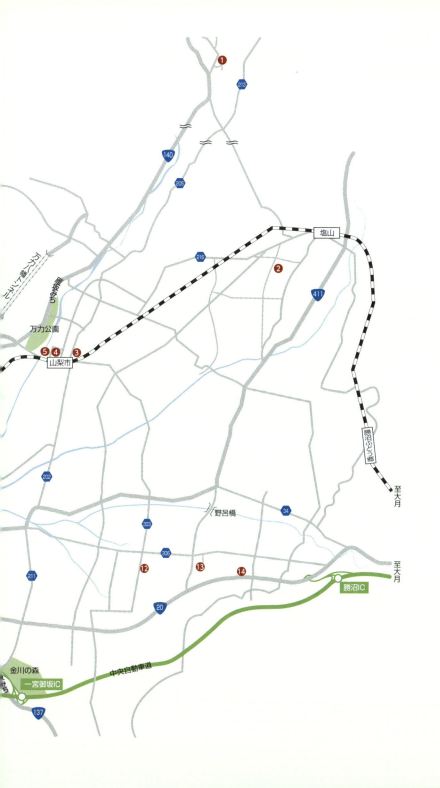

郡内エリア

( )内の数字は掲載ページ。

❶ リロンデル(P20)
❷ 福禄寿(P23)
❸ KAMEYAMA(P22)
❹ フジヤマテラス(P111)
❺ miu's café(P21)

多彩な食 楽しむ文化

山梨放送アナウンサー
三浦 実夏

「山日YBS AR」のアプリをダウンロードして、三浦アナウンサーの写真にスマホをかざすと、動画がみられます。アプリは「App Store」か「Google Play」から「山日YBS」で検索してダウンロードできます。

　数ある山梨県の日本一の中に、食事時間の長さがあることはご存知でしょうか。山梨県民の1日の食事時間は1時間46分で全国1位（※）。外食が盛んな土地柄ともいわれています。

　昔から「無尽文化」が根付いている山梨では、皆でおいしい食事やお酒を楽しむ時間を大切にしてきたのですね。富士吉田市出身の私も幼いころからよく両親の無尽へ付いていき、きょうはどんなごちそうが食べられるのだろうかと、いつもワクワクしていたのを思い出します。今でも友人たちとおいしいお店を巡り食事をすることが何よりの楽しみです。

　山梨県の日本一の中でも、人口10万人当たりのすし店舗数の多さはよく知られています。海なし県の山梨ですが、江戸時代から富士川舟運で駿河から届いた魚を食していたという記録があります。まだ知らぬ海の幸を味わってみたい！　先人の食への飽くなき探求心を感じます。山梨県民はとにかくおいしいものを追い求めるDNAがしみ込んでいると思うのです。

　山梨は、おいしいものであふれています。桃やブドウをはじめとするフルーツはその代表です。日照時間が長く昼夜の温度差が大きい甲府盆地では、おいしいフルーツが実ります。収穫したてのフレッシュなフルーツをほおばるとき、山梨に生まれてよかったと実感します。フルーツだけでなく、肥沃な土地で育つ野菜など魅力的な食材もたくさんあります。

※2011年社会生活基本調査結果より

　山梨の食材を生かした郷土料理もたまりません。地の野菜と小麦粉の平打ち麺を甲州みそ仕立てのだしで煮込む「ほうとう」は、身も心も温めてくれます。富士北麓で生まれ育った私にとっては「吉田のうどん」もかけがえのないソウルフードです。甲州ワインや日本酒などの県産酒も私たちの食を豊かにしてくれます。

　豊かな自然が育む山梨の食と独自の食文化。これを楽しまない手はありません。食を通じたコミュニケーションは心も満たしてくれます。山梨をより深く知るためにもフィールドワークを続けていきたいと思います。さて、きょうは何を食べようかな。

山梨放送アナウンサー
三浦　実夏

2013年
7月3日放送

中華料理 天華

🏠 甲府市相生2-16-2
☎ 055-233-4803
🕐 11:30～14:00
　 16:00～21:00
休 日曜
税 込

名取均さんにお話を伺いました。

焼肉定食!! 700円 (ランチタイム来店時のみ)
豚の肩ロース肉を180g！自家製のタレで味付けして、ボリューム満点なのにリーズナブル！秘伝のたれは甘辛く、パンチが効いた感じ！美味しいですよ〜。

カツカレー 1,200円

イタリアンレストラン&バー るびい

- 🏠 甲府市高畑2-8-12
- ☎ 0120-60-6226
- 🕐 11:30～15:00 (L.O 14:00)
  17:30～22:00 (L.O 21:00)
- 休 水曜
- 税 込

2013年
7月3日放送

武川周一さんにお話を伺いました！

名物のほうれん草の生パスタ、
アマト・リ・チャーナ 1,080 円
をいただきました！

パスタはコシが命です！
1晩寝かすことでコシが出るんです。
ゆで時間はお湯が沸騰してから1分☆
ほうれん草を練りこんだ麺の上に自家製トマトソース（アマト・リ・チャーナソース）を。
麺がもっちもちで、美味しいです！！

お肉料理 佐渡屋

- 甲府市相生2-3-13
- 055-237-3108
- 17:00〜22:00
- 休 日曜
- 税 込

焼き肉やしゃぶしゃぶの名店として知られています。松阪牛を中心に、A5ランクの全国からその時いいお肉を仕入れて、お客さまにご提供。

サーロイン上100g 3,000円

食べるときはシンプルにいただきますが、メチャうまい！！甘くておいしくてとろける〜。

＜他のオススメ＞
コース各種4,320円〜12,960円も承っています。

すし処 魚保

- 甲府市太田町20-6
- 055-235-7009
- 11:30～14:00
  17:00～22:00
- 月曜、第1火曜
  ※祝日の翌日の場合は火曜
- 別

2013年
7月10日放送

創業107年の老舗ながらジャズが流れるオシャレな店内です。
お店のおススメは新鮮な素材をお得に味わえるランチメニュー。なかでも人気は
どんぶりセット 943円
マグロや白身魚を中心に、その時々の魚が特別価格となっています。

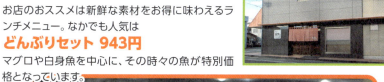

ご主人のこだわりは…「どこでとれたのか、とれた場所がわかるようなお魚で食べた後ホッとできるような美味しいお魚を食べていただけるように、心がけています」とのことでした。
＜他のオススメ＞
ランチにぎりセット　800円
お魚セット　　　　　943円

2013年
7月24日放送

スイーツ&ダイニング **リロンデル**

- 富士河口湖町船津996-21
- 0555-72-8620
- 11:30～14:30 (L.O14:00)
  18:30～24:00 (L.O22:30)
- 休 火曜
- 税 別

こちらのお店は、
とろとろオムライスがおススメ。

ディナータイムに人気の
オムライス（トマト&チーズ）880円
がおススメです。

卵が柔らかく、美味しい！！
また、本格的なデザートもおススメですよ。

miu's café

- 富士河口湖町船津6607-2
- 0555-73-3986
- 11:00〜19:00
  (夏季11:00〜22:00)
  (冬季11:00〜17:00)
- 休 月曜
- 税 別

2013年
7月24日放送

おしゃれな外観とおしゃれなカウンター。ペット同伴ができるカフェです。

とり挽肉と福神漬けをガーリックオイルで炒めた**ミウズライス、920円**がおススメです。

2013年
8月7日放送

KAMEYAMA

- 🏠 富士吉田市松山4-8-27
- ☎ 0555-24-3320
- 🕐 18:00〜23:00
- 休 月曜
- 税 込

備長炭の炭火焼きが自慢のお店。

**富士桜ポークの
ガーリックステーキ 780円** を
いただきましたが、もうめちゃうま！
炭火で焼く良さが伝わって最高です。

＜他のオススメ＞
・カマンベールチーズとリンゴの串焼き
　380円
・シーザーサラダ
　880円

旬味屋 福禄寿

- 🏠 富士河口湖町船津1763
- ☎ 0555-72-5875
- 🕐 17:00〜23:00
- 休 水曜、第3火曜
- 税 込

2013年
8月7日放送

バイクで登場したワイルドな店主からは想像がつかない和風な店構え。
日本料理を中心に中華料理やイタリア料理を学び、ミックスした創作料理を提供してくれます。

牡蠣と岩海苔の味噌バターのリゾット 770 円を
いただきましたが、美味しい！

丸ごとカマンベールとトマトとバジルの天婦羅 920 円も
おススメです。
和と洋を組み合わしたデザートも絶品ですよ！！

2013年
8月14日放送

イル・キャンティ甲府店

- 昭和町西条103
- 055-275-0076
- 11:30〜14:30(L.O)
  17:30〜22:00(L.O)
- 休 無
- 税 別

広い店内のおしゃれなイタリアンレストラン。新田好一オーナーに案内していただきました。

バーニャカウダ 960円
山梨県産の野菜をソースにつけて食べます。

自慢のソースは…オリーブオイル＋アンチョビ＋生クリーム＋ニンニクは牛乳で煮て、ニンニクの香りの強さを和らげます。
たっぷりソースをつけて食べると、濃厚で美味しい！！

和風焼肉 和志牛

- 甲府市上小河原1236-1
- 055-241-1029
- 11:30～14:00
  17:00～23:30
  (L.O23:00)
- 休 無
  ※日曜のランチのみ定休
- 税 別

2013年 8月14日放送

松阪肉牛協会が認める正規販売店！

松阪牛ザブトン 2,690円

貴重な松阪牛の更に希少部位『ザブトン』
見た目も味もまさに芸術品。
口に入れた瞬間微笑むこと間違いなし！

広い店内は個室が多数あり、家族、接待、デートから大宴会まで様々な用途に応えてくれるそうです！

2013年
8月21日放送

元祖とんこつ久留米ラーメン 山亭

🏠 甲斐市下今井2960
📞 0551-28-7576
🕐 11:00～15:00
　　17:30～23:00
　　※土・日曜・祝日 11:00～23:00
休 無
税 込

久留米はとんこつラーメンの発祥の地。呼び戻し製法で作ったスープは濃厚でパンチのきいたクリーミースープ！

オススメは絶品！
久留米ラーメン！ 590円
＋
煮玉子トッピング 100円

そして…替え玉を頼む人が多いんです！
バリカタがおススメ！

美味しかったです！甲府駅前店も営業中。

福寿司

- 🏠 甲府市中央1-16 FL甲府ビル
- ☎ 055-237-2954
- 🕐 19:00～26:00
- 休 日曜、祝日
- 税 込

2013年 8月28日放送

創業47年老舗寿司屋二代目が古き良きを守りながら「新たな食のカタチ」を魅せています。

特上にぎり 3,000円
※季節によって内容が変わります。
※各コース料理、一品料理もございます。

県産ワイン、日本酒他豊富に取り揃えています。毎月「ワイン会」「日本酒会」が開催されていますので、ホームページをご覧ください。

2013年
9月4日放送

和遊工房 どりき

🏠 昭和町河西1023
　ハッピープラザ1F
☎ 055-275-5433
🕐 18:00～25:30(L.O)
休 不定休
税 込

店長の遠藤政美さんにお話を聞きました。

唐揚げ 540円
自慢は8種類の材料を使った衣。
完成したのはボリューム満点の唐揚げ！
ガツンとくる味です。

ジャパニーズサラダ
870円
サッカーボール並みの大きさを誇るサラダでした！
みなさんで召し上がれ！

大衆魚場 がり

🏠 昭和町西条4309-3
　カロリータウン2-3
☎ 055-234-5110
🕐 18:00～27:00
　　　　(L.O26:30)
休 月曜
税 別

2013年
9月4日放送

ご主人が毎日メニューを書く為、昨日なかった料理が翌日にはあるかも…。

そんな時、根強い人気で定番となっているのが、

刺身五点盛 980円

店内はカウンター席と、小上がり席に別れているので、一人でも気軽に行けるんです。
特に小上がり席は、テーブルレイアウトの変更により色々な利用が可能でした。

2013年
9月11日放送

横浜家系ラーメン 大黒家 昭和本店

🏠 昭和町清水新居258-1
　　ダイタ昭和モールA館1F
☎ 055-269-5077
🕐 11:00～23:30
　　　（L.O 23:00）
休 木曜
税 込

とんこつしょう油が定番の横浜家系ラーメンの人気店に行ってきました！羽田野誠店長が作るラーメンをリポート！

**中太ストレート麺の
こってり濃厚家系ラーメン
680円**をいただくと…

ラーメンは自分好みにオーダー可能。
たとえば、しょうゆor塩、麺の硬さ、味の濃さ、脂の量など…

ガツーンとくる味！うまいです！
またスープにひたしたのりで、御飯を巻いて食べると…ブヒーっとうまい！

地酒 小料理 哲

- 甲府市中央4-4-24
- 055-226-3868
- 17:00～24:00
- 休 無
- 税 別

2013年
9月11日放送

地酒と逸品料理がオススメです。
富士桜ポークのミルフィーユ しそ巻きチーズ 880円
とろける脂質と旨味たっぷりの富士桜ポーク。地元の食材の味をお楽しみください。

とりもつ 670円
B-1グランプリ（認定店）甲府鳥もつ煮オススメ！

2013年
9月25日放送

てっぱん 秀

- 🏠 甲府市中央1-1-14
- ☎ 055-227-9030
- 🕐 17:30〜24:00
- 休 日曜
- 税 別

一番人気の
黒毛和牛100%
レアハンバーグ!! 1,800円
中がレアで、ニンニクしょうゆソースとの
コラボが最高でした！

長田秀平さんおススメの
バーニャ・カウダ！いただきました。
たくさんの色鮮やかな野菜をクルミのペー
ストが隠し味のソースをつけていただき
まーす!!

6 (ろく)

- 🏠 甲府市西高橋17-1
- ☎ 055-228-6667
- 🕐 11:30〜14:00 (L.O13:30)
  18:30〜23:30 (L.O22:30)
  ※昼は火曜〜金曜のみ
- 休 月曜・第4日曜
- 税 別

2013年
10月2日放送

お酒とおつまみの種類が充実の「6」を訪れました。ご主人の岩間由紀子さんは元職人。
今は料理人として美味しいメニューを提供中。

特におススメなのが、
鶏の唐揚げ 700円
アツアツで美味しい!
通常の倍ぐらいの大きさの唐揚げが楽しめます。
ムネ肉を使っているのがポイントです。

おもてなし溢れるお店です。
座敷もあります。ぜひお試しあれ!

2013年10月2日放送

炭火焼肉 みゅうみゅう

- 甲府市朝気1-9-6
- 055-235-4429
- 平日 18:00〜
  土・日・祝 17:00〜
  （お客様のいらっしゃる間）
- 休 火曜
  ※祝・祝前日の場合は営業
- 祝 別

甲府市朝気にある炭火焼肉「みゅうみゅう」。マスターの武田憲政さんが「おかえりなさい」と我が家に迎えてくれますよ！

ネギ上タン塩（左上） 850円
黒毛和牛サーロイン（右上） 3,380円

桜ユッケ（右） 880円
黒毛和牛"希少部位"特選盛り（左）
2,500円〜

美味しいお肉をリーズナブルなお値段から絶品黒毛和牛希少部位までシーンに合わせてお召し上がりいただけます。

やきとり 鳥笑

- 甲府市湯村2-6-20
- 055-254-7200
- 17:00～24:00
- 休 日曜
- 祝 別

2013年 10月16日放送

全部で18種類のやきとり！
店長の廣瀬勇輝さんにお話を聞きました！

定番の **ねぎま 100円** や、
ふりそで 100円 という
珍しいやきとりまで。
ふりそでは、わずかしか取れない部位です。

やきとりは柔らかい！！
全部焼きをいっちゃいました！！
塩・タレ半々で！！
お出汁たっぷり鶏茶漬け430円も
たまらない味でした！

2013年10月16日放送

市場寿司

- 甲斐市篠原2180
- 055-276-8919
- 11:00～14:00
  17:30～21:30
  (L.O21:00)
- 休 水曜
  ※日曜、祝日は夜のみ営業
- 祝 込

水産会社直営のおすし屋さんだからこそ、新鮮さはもちろん、天然物にこだわった厳選されたネタと、ブレンド米を掛け合わせた風味豊かなシャリが素材の旨さを引き立てる握りや丼は絶品揃い！

北海丼 900円（ランチタイムのみ）が一番人気！
他にも日替わり丼 900円や、
づけ丼 700円（いずれもランチタイムのみ）、
そして、にぎりの市場寿司は外せません！！

パスタ&カフェ グラニータ

- 🏠 甲府市千塚2-5-15
- ☎ 055-251-9900
- 🕐 11:30～14:00
  18:00～21:00
- 休 月曜
- 税 込

2013年
10月23日放送

パスタの種類が豊富！40種類以上のパスタが楽しめるのだ！！
オーナーシェフ本間恒男さんにお話を聞きましたよ！

一番人気の
地中海風トマトソース
1,300円

それ以外にも、野菜のペペロンチーノ1,100円、地中海風みそクリーム1,300円が人気です。
ランチタイムは特にお得！

2013年
10月30日放送

甲州地どり庵 一凡

- 甲斐市下今井2471-1
- 0551-45-9494
- 17:00～23:00 (L.O22:30)
  ランチは予約のみ営業
  火～金 11:00～15:00
- 休 日曜・祝日の月曜
- 祝 別

店主の松崎洋士さんが腕をふるいます。
良質な甲州地どりが楽しめるんです。
多くのメニューが楽しめる
宴会コース 2,500円
お店のオススメのお料理をバランス良く食べられます。

飲み物も豊富で、特に県産ワインは常時100種類以上。さらに山梨の地酒も多数揃ってます。

トラットリア ピッツェリア イル・ポッジョ

- 市川三郷町大塚4461-4
- 055-269-9433
- 11:30〜13:45(L.O)
  18:00〜20:30(L.O)
- 休 木曜 ※不定休あり
- 税 込

2013年
11月6日放送

まずは市川三郷町大塚に立つお店の絶好のロケーションに驚き！！てっ！
ご主人の武井俊之さんにおススメを聞いたところ…イタリアから取り寄せた石釜で焼く、ナポリピッツァや料理！
ランチは1,600円から、ディナーは2,800円からのコースが人気。

自慢のナポリピッツァの焼き時間はなんと…てっ!1分〜2分

完成したのは、
スモークチキンとキノコ スカモルツァチーズ 1,400円

もっちもちの食感で、かつ、軽い食感だけど、食べ応えあり！美味しかった！開放感溢れるテラスからの景色を眺めながら、美味しいイタリアンをお楽しみください。

2013年
11月6日放送

リストランテ カントゥ

- 昭和町西条5154 2F
- 055-275-8160
- 11:30〜14:00 (L.O)
  18:00〜21:30 (L.O)
- 木曜
- 込

ベテランシェフの桐田康史さんに作っていただきました。

**イカスミのフェットチーネ
カニのクリームソース 1,450円**

真っ黒なイカスミの麺、赤いカニ身、クリームの白と味も色も見事に調和していました。

40

パスタと肴 MoRimoTo

- 北杜市高根町清里3545-6402
- 0551-48-2118
- 11:30〜14:00 (L.O)
  18:00〜21:30 (L.O)
- 休 木曜
- 税 込

2013年
11月13日放送

清里にあるお店。オーナーシェフの森本慎治さんにお話を聞きました。
東京や本場イタリアで、料理の修業をしていました。

自慢の自家製生ハム 980円

「甲州富士桜ポーク」のもも肉をまるごと一本使って、八ヶ岳の風で育った自家製生ハム。
最低でも12ヵ月熟成させてから提供されるんだとか。
10〜3月の冬季には生ハム作りの本格的な体験教室も行うそうです。

2013年
11月13日放送

さの屋

🏠 北杜市高根町箕輪1144
📞 0551-47-4181
🕐 17:30〜23:00(L.O)
休 月曜
税 込

北杜市にあるお店。ジビエ料理を提供する居酒屋です。静岡出身のマスター、佐野琢哉さんにお話を聞きました。

作っていただいたのは…
さの屋のジビエプレート5品盛り
(猪フランク、鹿たたき、猪鹿スモーク、鹿のソフトサラミハムカツ風、鹿のグリル)
1,800円

地元を活かした料理をと考えたジビエ料理。臭みもなく柔らかジビエをみなさんも召し上がってみてはいかがですか。

maison de sato MIRABELLE ミラベル

- 中央市井之口51-1
- 055-287-7477
- ランチ 11:30～15:00
  カフェ 13:00～15:30
  ディナー 18:00～22:30
- 休 月曜
- 税 込

2013年
11月20日放送

1998年に昭和町でオープンし、2012年現在地に移転してきた。以来、幅広い客層から愛されているフレンチ料理店。

オススメはディナーコース3,500円～。なかでもグルメコース6,500円に登場する**フォアグラのステーキ**は絶品。

また、ランチはお得！前菜、メイン、デザートが色々選べるのが嬉しい!!
お肉料理も充実!!
アットホームなので入りやすいお店です!!

洋麺屋 楽

🏠 甲府市丸の内1-14-14
☎ 055-232-6165
🕙 10:30～19:30
　水曜のみ～15:00
休 無
税 込

舞鶴城公園の南側、紅梅北通沿いにて営業している洋麺屋楽。

最高級の明太子を使った**明太子イカキムチ 1,100円**は、オープン当初からの看板メニュー。

また、ツナや納豆、しめじなどのトッピングもできます!!
ご主人がとっても気さくな楽しい方!!
ワインも充実しているので一緒に楽しめます!!
久々に行くも良し!まだ行ったことない方は是非一度!!

オステリア・パノラミカ

- 🏠 南アルプス市桃園1685-1
- ☎ 055-206-1251
- 🕐 11:30～14:00 (L.O)
  18:00～21:00 (L.O)
- 休 水曜 ※不定休等あり
- 税 込

2013年11月27日放送

シェフの野中英二さんが作るイタリアンが美味しいんです！

特におススメなのが
地元の美味しい野菜を使った、
温やさいのサラダ 880円

山梨県産の美味しい野菜が使われています！
うまみ、香り、味いずれも満点です！スープのなかに旨みが溶け込んでまじした！
野菜本来の味が楽しめましたよ。

**南アルプス産フルーツトマトの
タリアテッレ 1,290円**など、人気メニューが揃っているので要チェックです!!
※どちらも夜のメニューの一部です

2013年
11月27日放送

日本料理 遊

- 🏠 昭和町西条5299
- ☎ 055-268-7737
  （要予約）
- 🕐 昼、夜ともに予約のみ
  （前日まで）
- 休 不定休
- 税 別

ご主人の藤原義明さんが作ります、実直な料理が自慢です。

＜コース料理のみ＞

昼（3名以上）	夜（2名以上）
3,000円	3,600円
4,000円	4,600円
5,000円	5,600円

ふぐ鍋コース（11月から3月まで）
3名以上 7,900円

落ち着いた雰囲気の中、
「和」のおもてなしを心ゆくまで堪能できます。

ムッシュー・オダ

- 甲府市上石田3-6-30 メトロポリスタウン1F
- 055-227-2929
- 12:00〜13:30(L.O)
  17:30〜21:30(L.O)
- 休 月曜
- 税 込

2013年
12月4日放送

小田切和之さんが鉄板を使って焼いてくれます！
こちらの自慢の料理は…

ゴージャスセット 9,400円
その内容は…

甲州牛のステーキ
柔らかい！！外はサクッと、中は柔らか。
美味しかったです！！

活きアワビの鉄板焼き
コリコリしてますが、柔らかいんですね！
ホームページもあるので、要チェックです！

2013年
12月4日放送

クリザンテーム・シゲトモ

- 🏠 甲府市伊勢2-12-18
- ☎ 055-225-2300
- 🕐 11:30〜14:30 (L.O)
  18:00〜21:00 (L.O)
- 休 月曜
- 税 込

シェフの重友信明さんが作り出す各種コース料理が自慢。
ディナーは4,300円〜、ランチは1,550円〜、中でも**デミコース 4,900円**の
メイン料理のひとつ、
牛フィレ肉ステーキ赤ワインソースは
牛肉の旨味が凝縮した幅広い層から人気の逸品。

昼も夜も、落ち着いた雰囲気の店内で
心ゆくまで、フレンチが楽しめそう。

武蔵屋本店

- 甲府市相生2-16-3
- 055-233-4041
- 12:00〜21:00（相談応）（要予約）
- 休 日曜
- 税 込

2013年
12月18日放送

美しい日本庭園が見事でした！
こちらは、明治20年創業の老舗料亭。

昼のみの人気メニュー
うな重定食 4,500円
また昼、夜ともにコース料理があります。

5世代継承されたうなぎが楽しみ！！
つけられるのは秘伝のタレ。
長年のうまみが凝縮された伝統の味、
しっかり染み込み、表面がカリッ、中が
ふわふわで、口の中にいい香りが広が
りますよ。

2013年
12月18日放送

新中国料理 大三元

- 笛吹市石和町市部789-98
- 055-262-6534
- 11:30〜14:30 (L.O 14:00)
  17:00〜23:00 (L.O 22:00)
- 月曜
  ※祝日の場合営業、翌日休
- 込

バーのような雰囲気の店内…菜種油やアルカリイオン水を使うなどのこだわりの沢山つまった、体にやさしい中華がいただけました！

五目麻婆豆腐 1,100円

五種類以上の具の入った麻婆豆腐。毎日食べても体に負担のかからない中国料理を工夫して提供されているんですよ。

麻婆豆腐に椎茸、筍、海老などを盛り込んだ当店オリジナル料理。

黒ゴマを使ったオリジナルの棒棒鶏 1,400円

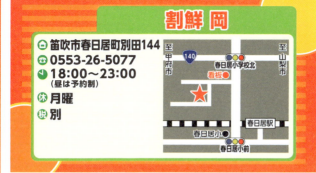

割鮮 岡

- 笛吹市春日居町別田144
- 0553-26-5077
- 18:00〜23:00（昼は予約制）
- 休 月曜
- 祝 別

2013年 12月25日放送

旬の食材を使った会席料理を作っています。長野県内の名旅館での料理長などを経て、開店しました。マグロ節やコンブなど、食材によってダシを使い分けます。

できあがった
会席料理 5,000円〜 がこちら！
※盛り付けは季節により変わります。

お造り盛り合わせ

四季折々の鮮魚を盛り合わせでどうぞ。
ひとつひとつが作品と思って作っているそうです。

2013年
12月25日放送

ビストロ ミル プランタン

- 甲州市勝沼町下岩崎2097-1
- 0553-39-8245
- 11:30～14:30(L.O)
  17:30～21:00(L.O)
- 休 水曜
- 税 込

お店のオーナーは、銀座の各名店でチーフソムリエを歴任した五味丈美さん。
レアに焼かれた甲州麦芽ビーフに、特製ソースがかかり完成!

こちらが **ミルプラランチ 1,850円～**
※写真は甲州麦芽ビーフ（+150円）
お肉が柔らかくておいしい！！！

ソムリエの五味オーナーおすすめのワインとあわせて頂きましたよ。
ワインと一緒に楽しみました!240種類のワインとともにお待ちしています。
※グラスワイン 750円～

富士野屋夕亭 そば処 夕庵

- 笛吹市石和町八田286
- 055-262-2266
- 11:00〜21:00 (L.O20:30)
- 休 無
- 祝 別

2014年
1月8日放送

一番の人気メニュー！！
ほろほろ鳥南蛮せいろそば 1,200円

ほろほろ鳥とは…アフリカに住んでいるキジで、やわらかくてジューシー、とてもおいしい鳥とのこと。

そばはこだわりの、石臼で挽いたそば粉8に対して小麦粉2の、二八そば。
そばのコシ、のどごしはツル！
ほろほろ鳥は、プリプリしています！

2014年
1月8日放送

寿司割烹 いづ屋

- 🏠 山梨市上神内川2-1
- ☎ 0553-22-0027
- 🕙 11:00～14:00 (L.O)
  17:00～21:00 (L.O)
- 休 木曜 ※臨時休業あり
- 税 別

創業は昭和元年。90年近い歴史を持つ老舗のお寿司屋さん。すしを握るのは4代目となる岩澤尚也さん。東京の有名店などで、10年間修業したとのこと。ネタの仕入れはすべて東京・築地から。

おすすめは **おまかせにぎり 6,000円**
(カウンターでのみ承ります)

いづ屋のすしは、必ず、ひと手間加える「江戸前スタイル」。たとえば、サワラは藁で香りをつけにぎりで、いただきます！！他にも、口の中でとろける本マグロの中トロや、サヨリの昆布〆、美味しかったです！！
ランチメニュー平日限定10食
バラチラシ 1,300円

ルミエールワイナリーレストラン ゼルコバ

- 笛吹市一宮町南野呂624
- 0553-47-4624
- 11:30〜14:00 (L.O)
  17:30〜20:00 (L.O)
- 火曜
  ※1〜3月は月・火曜
  9〜11月は無
- 税 別

2014年
1月15日放送

老舗ワイナリー直営レストランなんです。
ワインと相性ばっちりのコース料理を食べました！

メニューゼルコバ 3,600円

メニューゼルコバは＋600円でメインを
肉料理にできます。
他に5,200円、8,200円とあります。

2014年
1月15日放送

食事処 相馬

- 笛吹市一宮町中尾228-1
- 0553-47-1320
- 11:00〜14:00
  17:00〜21:00
- (休) 木曜
- (税) 別

そばが定評のお店なんですが…

今回は
特製味噌カツ定食 1,200円
をいただきました！！

タレがポイントで、北杜市産大豆の3年熟成味噌に、かつお出汁のそばつゆやゴマ、一味などを加えて作ります！
サクサクでジューシー！
お味噌のコクを感じながらも、大根おろしでさっぱりといただけて、新しい美味しさですよ！

喜多八

- 山梨市上神内川1492
- 0553-22-0491
- 11:30～14:00
  17:30～21:00
- 休 木曜
- 税 別

2014年
1月22日放送

山梨市を流れる笛吹川のすぐ隣に位置する中国料理屋さん。店主の齊藤雄太さんは、県内で3人だけが持つ「営養薬膳師」の資格を持つのです！ 営養薬膳師とは、「薬膳」の効能に精通した人の証です。

冬にピッタリな **麻婆豆腐 750円** を堪能しました！
四川飯店出身の店主の自信作。日本に麻婆豆腐を広めた陳健民から続く山椒がピリリと辛旨な本格的な麻婆豆腐。
ぜひ、お試しください。

もつ煮込み 550円

3代続く喜多八の味。柔らかく、じっくりと煮込んだもつは絶品です。

2014年
1月22日放送

ジョイアルカレーサロン甲府店

- 甲府市丸の内2-31-1
- 055-228-9911
- 11:30〜15:00 (L.O14:30)
  17:00〜21:00 (L.O)
- 休 日曜
- 税 込

甲府市役所の目の前にできたカレー専門店！！石和名湯館「糸柳」を経営する社長が20年かけて開発したオリジナルブレンドで、スパイシーなのがたまりません！

おススメは
カツカレー 980円

また、甲州牛カレー 1,280円も、カレーにパンチが効いていて、美味しい！！
ごちそうさまでした！

サドヤレストラン レアル・ドール

- 甲府市北口3-3-24
- 055-288-8723
- 11:30～14:30
- 17:30～21:00
- 休 無 ※年末年始を除く
- 税 別

2014年
1月29日放送

ランチ 1,500円～とディナーを楽しむことができます。
お昼の**コース料理 3,000円～**を作っていただいたのは、森 浩昭シェフです。

☆こだわり☆
①サドヤさん自慢のワインを使うこと。
②旬の新鮮な食材を使うこと。

2014年
1月29日放送

キュイエット

- 韮崎市穂坂町三ツ沢1129
- 0551-23-1650
- 11:30〜(L.O14:00)
  18:00〜(L.O20:30)
- 休 火曜
  ※祝日は営業、翌日休
- 税 別

フランスで修業していたオーナーシェフ山田真治さんが、いつかこんなお店を開いてみたいと夢見ていた、こだわりのフレンチレストランです。

昼のコース 2,800円〜をいただきました。
オードブル・メインディッシュ・パン・デザート・コーヒー（写真は自家製鴨の生ハムとカリフラワーのムース、旬野菜のマリネを添えて）

地元の素材、その時の旬の素材を提供することを心掛けています。
眼前に広がる景色を楽しみながら、非日常の時間をお楽しみください。

甲州牛 和こう

- 韮崎市穂坂町宮久保589
- 0551-23-5840
- 11:30～14:00
  17:00～21:00
- 休 月曜
  ※祝日の場合は翌日
- 税 別

2014年
2月12日放送

オーナーは向山和夫さん。
甲州牛専門のレストランですが、どのメニューにも野菜が使われているのも特長のひとつ。この土地ならではのおいしさを楽しめます。

網焼きステーキ
甲州牛サーロイン星200g 4,500円
肉そのものの甘みとコクががよく分かりました。

お肉に添える野菜はできるだけ自家栽培しているので、季節によっては写真と違う野菜になることもあります。

そして…寒い季節にオススメなのが、
甲州牛しゃぶしゃぶ！美味しい！
おナベについてくる小鉢も人気だそう。

2014年
2月26日放送

とんかつ 直治朗

- 🏠 昭和町飯喰415
- ☎ 055-275-9907
- 🕐 11:00～14:30(L.O)
   17:00～21:00(L.O)
- 休 木曜
- 祝 別

オープン26年目。オーナーの三井閥さんは、おいしいとんかつのためにこだわりぬく研究肌。
「生きたとんかつを目指しています」

とんかつ直治朗の定番人気メニュー
別盛りかつ鍋定食(ひれorロース)
1,400円

きめ細かくやわらかい肉質のとんかつと甘すぎないダシが絶妙な一品。グツグツと煮立って土鍋に別盛りされているので、最後までアツアツでいただけました。

素材の豚肉は甲州信玄豚を使用。
そして、冷蔵庫で、米ぬかに豆乳・ヨーグルト・黒ビール酵母を混ぜています。そこにお肉をつけることで、うまみがアップするんです。
このお肉に黒冨士農場放牧卵をたっぷりつけて、パン粉をまぶして低温でじっくり揚げれば…完成!

中華レストラン さんぷく

- 甲府市中央1-4-9 2F
- 055-232-3946
- 11:30～20:30 (L.O20:00)
- 休 木曜
- 税 込

2014年3月5日放送

さんぷくといえば「つけそば」！
いわゆる"つけ麺"スタイルを山梨で初めて出したのがこちらのお店なんだそうです。
世に出した安藤喜久道さんにお話を聞きました。

つけそば 790円 (宅配用890円)

つけそばを出し始めたのは昭和40年代。
こだわりの太麺は、県内の製麺所に特別注文したもの。

独特のもちもち感と、程よいコシが特徴でつけ汁は、鶏の脂から作った「鶏油」でコクを出して、酸味が効いた秘伝のしょうゆだれです。
酸味とコクがいい！
飽きがこないでいくらでも食べられます！
太麺がよくスープと合うんです。

2014年
3月12日放送

焼肉 四季

- 🏠 甲斐市竜王1155-1
- ☎ 055-276-8696
- 🕐 11:30〜13:30 (L.O13:15)
  17:00〜22:00 (L.O21:30)
- 休 月曜 ※祝日の場合は翌日
- 税 込

お店で提供しているお肉は東京の芝浦市場から取り寄せた「A5ランク」の最高級黒毛和牛!!
店長の城取巧さんは、満足できないお肉は返品するという徹底ぶり。

お店自慢は **上カルビ 1,674円**
お肉を軽く炙る程度に焼き、口に放り込みます!
まろやかな舌触りで、ジューシーな味わい、旨味が一気に出てきました!
脂が濃厚で美味しかった〜!!

石焼ビビンバ 1,026円
あつあつの石鍋でいただくビビンバは和牛カルビ入り、生卵と一緒に混ぜて召し上がれ!

串亭 福よし

- 甲斐市篠原3231-3
- 055-276-7788
- 16:00〜22:00
- 不定休
- 込

2014年3月12日放送

和食全般を担当するなか、野口雅弘さんの自慢の料理は串焼き。
お店の人気No.1メニューは、青森県田子産を使った

にんにく巻き 1本230円

中はホクホクで美味しい！
ニンニクのいい香りが口に広がりましたよ!!!
※写真は串盛りです

女性や子供に大人気
パイの包み焼 780円
表面のパリパリのパイの中には、あつあつのグラタンが入っています。

割烹 おぶね

🏠 笛吹市石和町四日市場20-2
☎ 055-263-0033
🕐 11:00〜14:30
　　　　　(L.O14:00)
　　17:00〜21:30
　　　　　(L.O21:00)
休 月曜
税 別

もともと魚屋さんだったお店の自慢はもちろん、海鮮料理です。

一番人気の
刺身定食‼ 1,343円
その日に市場から仕入れたネタが7種類。
マグロを厚く切るのが、おぶねのこだわりです。

自家製ビーフシチュー
1,204円
1週間かけて作ったソースと
とろけるお肉をお楽しみください。

そば処 和家 (なごみや)

- 笛吹市石和町井戸188-5
- 055-263-8821
- 11:30〜14:00
  17:30〜20:30(L.O)
- (休) 月曜
- (祝) 込

2014年
3月19日放送

アットホームな雰囲気☆清水夫妻は連携プレーで料理をしてくれます。食材は極力、国産、無添加を心がけているそうです。

人気は、丼ぶりが付いた
人気のセット 1,490円
平日休日ともに丼が選べます。
手打ちそばはメニュー価格+200円、大盛り210円もできます。

そばののど越しがGOOD！つゆとの相性も◎手打ちの麺はツルツルしていて細い麺なので、本当に喉ごしを楽しむことができます。また、デザートは、すべて管理栄養士の奥さまの手作り。朝霧高原の牛乳を使った、自家製プリン210円と自家製アイスクリームシングル各210円もおススメで〜す！

千里

2014年3月26日放送

🏠 甲府市上町129
📞 055-241-6930
🕐 11:00～14:00
休 水曜
税 込

店主の内藤武樹さんをはじめ、家族で仲良く切り盛りしています！
看板メニューの
しょうゆラーメン 550円を
いただきました！
秘伝のしょうゆダレに、煮干し、だし昆布、野菜などがベースのスープをあわせて…細麺を入れると完成。

スープはコクがあって、パンチがありました！美味しかった。
チャーハンもおススメの一品！
アツアツでふっくらしてて美味しいですよ！！

助六鮨

- 甲府市大里町4191-4
- 055-241-7255
- 11:30〜13:30
  17:00〜22:00
- 月曜
- 込

2014年
3月26日放送

店主の三井次男さんがこだわりのネタを提供します。
1日に2回、旬のネタを仕入れています。

特上寿司（お吸い物付き）
2,300円 をいただきました！
トロは濃厚な脂が出てきて、やさしい甘味
が広がりました〜！

磯辺揚げ 700円

「街のお寿司屋さんが少なくなっていま
すが、何十年もがんばって続けていく」
店主から熱い気持ちを聞けました。

2014年
4月9日放送

とんかつ 炭火串焼 一心

- 甲府市国母4-16-19
- 055-222-6491
- 11:00〜14:00
  17:00〜22:00
- 休 水曜
- 税 込

「とんかつ 炭火串焼 一心」を訪れました。

定番でクセになる味、
ロースかつ定食
1,300円

肉厚のとんかつ等ももちろんなんですが、こちらで一番人気なのが、
★とんかつを凌ぐリピート必須の
日替わりランチ 870円
美味しさの秘密は、毎朝市場で仕入れる、旬で新鮮な食材。しかも、レパートリーもとっても豊富。
店主の石田さん「大変ですが、お客さんの喜ぶ顔が見られればそれだけで嬉しいです」

りょうり屋 恩の時

- 甲府市丸の内1-8-9
- 055-269-8487
- 11:00～14:00
  17:00～23:00
  (L.O22:30)
- 休 日曜
  （月曜が祝日の場合、日曜が営業で、月曜が休み）
- 税 込

2014年
4月9日放送

季節ごとの旬な食材を一番おいしい形で提供してくれる、本格和食のお店です。
早速、こちらのおすすめをいただくことに。

甲州牛の炭火焼 1,980円

わさび醤油をほどよく付けていただけば、美味。炭火の香ばしい風味とともに、お肉の甘味が口に広がります。

また、器に絵を描くように盛りつけているという、三種類の「季節の先付 八寸」1,080円は、作品のような一皿。
味はもちろん、見た目もこだわることで、お客さんに、店に入った瞬間から帰る最後まで楽しんでもらいたい。という思いが詰まったお店。

2014年
4月16日放送

手打ちうどん 麦秋庵

- 甲斐市西八幡4403-4
- 055-269-5518
- 11:00〜14:00
  17:00〜21:00
- 休 無
- 税 込

手打ちうどん「麦秋庵」。
木のぬくもりが優しい和風の素敵な雰囲気の店内。
和食の職人だった平出さんの腕が光るうどんとは…。

最大の特徴は、出汁に加える「クルミ」。
すり潰したくるみに和風ダシをじっくり合わせた

くるみだしのおうどん 700円

ツルッツルッで、コシがあってモッチモチ。
出汁も濃厚でクリーミー。

★小麦にこだわった"つるんつるん"の手打ちうどん。
国産の小麦に、讃岐風の手打ち麺。
なんと麺を2日間も寝かせ、コシを出すそう。
さらに、お出汁には昆布・鰹節をはじめ6種類のダシ
を使っています。透き通るような黄金色、香りも最高
です。

レストランバー ハミル

- 甲府市高畑2-2-10
- 055-226-2225
- ランチ 11:30～15:00
  夜 19:00～23:00
- 休 ランチ 土・日・祝日
  夜 不定休 ※要予約
- 税 別

2014年4月16日放送

甲府市北口から、千秋橋のたもとに移転。

ハミルカレー 1,000円
※コーヒー付 +200円

14種類のスパイス＋野菜＋フルーツを煮込んだ辛口カレー。隠し味は牛肉を煮込んだブイヨン！このこだわりのルーに、マーガリンで炒めた具を入れて…

最初に広がる辛み、その後にいろんな味がやってきます。ひと口、そしてもうひと口と思わずスプーンが止まらない美味しさです。
夜はバーとして営業。カレーを食べたい方は、ランチタイムにお出かけください。

2014年
4月23日放送

うなぎ あけぼの

- 🏠 甲府市住吉5-11-2
- ☎ 055-241-3895
- 🕐 11:30〜14:00
  17:00〜21:00
- 休 第1・3日曜
- 税 込

うなぎの卸しも行う隠れた名店。静岡・九州から、良質なウナギを毎日仕入れています。鮮度は抜群。

超新鮮！関西風 **うな重 2,700円**

「串打ち3年 裂き8年 焼きは一生」
極めるのに一生かかる焼きを担当するのは、息子の拓耶さん。蒸さずに焼くことにこだわった「関西風」のこだわりに40年間継ぎ足されたタレにつけて…

脂が乗って肉質も軟らかくて美味！！
秘伝のタレは少し甘めで、脂のうまみと溶けあいます！
美味しさの秘密
●卸しならではの新鮮うなぎ&こだわりの焼き。
●関西風なので皮目の食感は独特。臭みがなくて超新鮮。

上海食堂

📍 甲府市大里町5005
☎ 055-241-8941
🕐 月～金 11:00～14:00
　 月～土 17:00～26:00
　 日・祝 17:00～25:00
休 夜・火曜
税 別

2014年
4月23日放送

落ち着いた雰囲気でシックな店内。
ご主人の成嶋勇輔さん。若いながらに料理歴は長いベテラン。写真は店長の中岡光一さん。
おすすめは、お客さんの8割が注文！

本格四川麻婆豆腐 850円

美味しさの秘密
・豆　腐　麻婆豆腐用　特注絹豆腐！
・お　肉　粗挽きフジザクラポーク
・調味料　四川山椒＋5種類の醤
白いご飯の上にたっぷりかければ、もう至福の時

平日はランチメニューが人気！価格は500円～。
お腹一杯になれるボリューム!!
ワンコイン丼や、日替わりセットなど魅力あるメニューが盛りだくさんです。

2014年
5月7日放送

うまいもん屋 ふじまき

- 🏠 甲府市後屋町735-1
- ☎ 055-241-6101
- 🕐 18:00～24:00
- 休 不定休
- 税 別

ご主人の藤巻慎一さん。
北海道から、おいしいものをたくさん取り寄せて提供しています。

イチ押しは
トロホッケ 1,400円
脂ののったホクホクの身が特徴の看板メニュー。
食べ応え十分な大きさです。

その他おすすめは、北海道直送、ラムしゃぶしゃぶ3,500円（4～5人前）
やわらかさはもちろん、クセは全くなし。特製ポン酢でさっぱりいただけば、はまっちゃうこと間違いなし！
お酒も充実！蔵元から直送していただいているそう。
北海道名物のスープカレーも！（不定期メニューなのでTELで確認を）。
山梨で、北海道の味覚をたっぷり味わえるお店です！

寿司割烹 魚茂

- 甲斐市西八幡1712-5
- 055-276-0203
- 11:30〜22:30
- 休 木曜
- 祝 別

2014年
5月7日放送

2代目のご主人の清水敦司さんがその時季に一番おいしいものを、最高の状態にお料理してくれる。

ネタが大きく食べ応えあり!
ランチにぎりセット 1,000円

美味しさの秘密
・ネタが豪華に大きい これでもか、と大きいネタを思いっきりほおばる贅沢!
・土佐醤油 酒・みりんを加え、カツオ節で出汁をとった本格醤油。

その他おすすめ
あぶり穴子 980円
ふわふわ食感がたまらない。
やさしいご主人がにぎるネタは、さらに味わい深く感じますよ。

2014年
5月14日放送

炭火やきとり トリコ

🏠 甲斐市西八幡1861
プラザセブンA号
☎ 055-279-2989
🕐 18:00〜25:00
(L.O24:00)
※お持ち帰り焼き鳥販売
16:00〜24:00
休 月曜
税 別

レトロな雰囲気の店内が迎えてくれます。
こちらのいちおしは、ずばり「焼き鳥」です。

人気メニュー!
焼き鳥の盛り合わせ
12本 1,320円

「ネギ間」はジューシーで、塩加減がお肉の旨味を引き立てる。「豚ハラミ」は独特の食感にタレがじゅわぁ!「隠れメニュー」も出てくるので要チェックです。

リピーター続出!
砂肝焼き 530円

一度食べたら忘れられないクセになる味わいです。もうとにかく、何を頬ばっても旨い!
「これはもう虜です。トリコさんだけに。」

そば処 ことぶき

- 甲斐市富竹新田2241-10
- 055-276-1020
- 11:00～14:30 (L.O14:00)
- 17:00～21:00 (L.O20:30)
- 休 木曜
- 税 込

2014年
5月14日放送

お店には、手づくりのかわいいプランターがあり、とっても、アットホームな雰囲気。
※2階は、食事・ご宴会・無尽会など40名様

おすすめメニュー
こだわりの蕎麦とサクサク天ぷら！
手打そばとミニ天丼のセット
1,080円

体に良い特製「桑そば」750円

甲斐市産、桑の葉を粉末にし、そば粉に混ぜた緑色の手打「桑そば」。
ミネラルや食物繊維が豊富で、とくに女性におすすめ。
※桑茶・桑ジャムも販売中！

翁（おきな）

- 北杜市長坂町中丸2205
- 0551-32-5405
- 11:00～15:00（売切れ次第終了）
- 休 月曜 ※祝日は営業
  火曜 ※不定休のため要問い合わせ
- 税 込

静かな林の中にあるそば店。東京で人気店を営んでいた先代が「自家製粉でそばを作りたい」という思いから約30年前に、山梨に拠点を移して開いたお店。店を引き継いだのが弟子の大橋誠さん。その味に惚れ込んだ大橋さんは手紙を出して、弟子入りを志願したそうです。

一番のおすすめ
手打ちそば 880円

●美味しさの秘密
「こだわりの自家製粉＋八ヶ岳南麓のおいしい水」

●そばの実
そばの実も、北杜市内で自家栽培したもの。又、全国から厳選した緑が濃く大きな粒は、香りの良さが抜群。丁寧にひかれた証拠に、手で握ると、キュッと固まるのが特徴。適度に水分を含む、良い状態を示しています。そばへの価値観が変わる美味しさです。

ここに来れば、蕎麦の持つ最大限の美味しさを堪能できる。そんな、とっておきのお店です。

素透撫（ストーブ）

🏠 北杜市長坂町中丸4451
☎ 0551-45-7703
🕐 11:30〜15:00
　　(L.O14:30)
　　18:00〜21:30
　　(L.O20:30)
　　※事前に要確認
休 月曜 ※祝日は営業で翌日休み
税 込

2014年
5月21日放送

清春芸術村に隣接するお店。文人画家の小林冬青の自宅を鎌倉から移築した建物。現代美術作家の杉本博司さんが、内装設計を手掛けました。レストランで腕をふるう早田シェフも、「アートに溢れたレストランでありたい。建物、料理、食器、五感で感じてもらえる美術館のような」と話してくれました。

おすすめメニュー
ランチコース　　3,500円〜
ディナーコース　7,500円〜

※写真は甲州ワインビーフシンシンのロースト
（ディナーコースの中の一皿）

早田シェフ「地元のものを使っていくのが使命であり喜び。ここでしか食べられない料理を作っていきたい」。素材の本来のおいしさを、思う存分、五感で味わえるお店です。

2014年
5月28日放送

ふらここ食堂 Fracoco Italian

- 北杜市大泉町谷戸3589
- 0551-45-7227
- 11:30〜14:00
  17:30〜20:30
- 休 水曜 ※不定休あり
- 税 込

和とイタリアンの融合メニュー。
お店の目の前にはブランコ!気持ちのいいお庭に、建物は築160年の古民家。古い建築を活用した趣きのある空間です。木のいい香りが心地いいんです。シェフは、高橋昭浩さん。

北杜市産シカ肉の
ラグーソースのピチ 1,550円

湯気とともに立ち昇る芳しい香りでパスタへの期待を一気に膨らむ。シカ肉の食感を残したソースと一本ずつ手延べされた自家製生パスタ"ピチ"がほどよく絡み、季節の野菜をアクセントにした完成度の高い一皿です。市内で丁寧に処理されたシカ肉はもちろんクセなどありません。

コチラは魚介を使ったメニューも豊富。
石川県から直送された旬の魚介が素材の良さを活かして供されます。

TRATTORIA tadarico

- 北杜市高根町東井出634-1
- 0551-47-6266
- 11:30〜14:00
  17:30〜20:30
  平日限定ティータイム
  14:00〜15:00(ピザとケーキセット)
- 休 日曜
- 祝 込

2014年
5月28日放送

かわいらしい建物と緑の看板が目印のこちら。ご主人の山崎忠彦さんと奥さまの里香さんが迎えてくれました。「タダリコ」の由来は…忠彦さんの『タダ』と里香さんの『リ』、そして長男の琥太郎くんの『コ』をとったそう。温かい家庭の雰囲気がお店にも表れています。また、地産地消にこだわるご主人。野菜はほとんど地元産のものをと、顔が見える生産者から鮮度抜群のものを仕入れています。

人気メニュー
タダリコランチセットB 1,600円

メニュー例　本日の前菜、パスタ(3〜5種より選べる)、パン、ドリンク、デザート

また、魚介のメニューも豊富で産地直送の旬の味が楽しめるのもコチラの特徴。小さいお子さん連れや高齢者にも嬉しい「小上がり」があるのはお店の心遣いかも…。

2014年
6月4日放送

カントリーキッチン ロビン

📍 北杜市高根町清里3545
　小須田牧場内
☎ 0551-48-3155
🕐 11:30～14:00
　 17:30～23:00
休 水曜
税 込

清里の大自然の中、レストランは、小須田牧場の入り口にあります。店内は、山小屋風のオシャレなアメリカンスタイル。また、開放感たっぷりのテラス席もあり。清里の爽やかな風を感じながら食事を楽しめます。

Robinハンバーグセット 1,780円
じっくりこねた"信州牛＋信州ポーク"の厳選挽き肉＋トマトソース＆ホワイトソースのWソース。中がふっくらした柔らかさ、肉のうまみが一気に口に広がってジューシー！

家族連れに人気！
ハンバーガー＆ポテト 1,190円
高さ10センチ以上のボリューム満点ハンバーガー、サイズも味もアメリカンです。

ペット同伴可能。

ふぐの富久亭

- 甲府市中央4-3-13
- 055-235-4584
- 月〜土 17:00〜15:00
  日曜 17:00〜24:00
- 休 無
- 税 別

2014年
6月11日放送

甲府のふぐ屋の先駆けとして、創業から50年。ふぐ料理の老舗です。提供するのは、宮崎県・日向灘のトラフグ。はっきりとした柄が美味しい証拠だそう。専門店ならではのルートで、1年中美味しいフグが手に入るそうです。

おすすめ
ふぐ刺し 3,500円

二丁引き という職人技でさばくお刺身。ポン酢ののりが良くなりふぐを美味しく食べられる絶妙な厚さを作り出していきます。この技術は、2000年にやまなしの名工にも選ばれているんです。
歯ごたえがあってプリップリの身。特製のポン酢のちょっと甘めのタレがすっと口どけよく絡みます◎

おすすめ
ふぐ雑炊 2,500円

ふっくらおもち入り。しかも、何匹ものふぐからダシを取っているため、旨みが凝縮。とことん贅沢な逸品です。
コースでもふぐ料理は楽しめます。

2014年
6月11日放送

びすとろ萄 Pē 溜

🏠 甲府市中央1-1-10
☎ 055-226-3298
🕐 平日 11:30～15:00
　　　(L.O14:00)
　　 17:00～24:00
　　※土、日、祝日はランチ内容が変わります
休 日曜ディナー
　 月曜ランチ
税 込

甲府銀座通りにあるスタイリッシュなビストロ。ヨーロッパの料理を県内産食材などを使いアレンジした欧風料理です。夜はワインバー的なアラカルト料理を用意。

お肉料理 1,500円～
「鴨のコンフィ」。
香辛料を使い風味と味わいを愉しむ一品。

お魚料理 1,500円～
季節のお魚を使い、白ワイン蒸しやムニエルなど、ハーブソースやクリームソースでいただく。

日本料理 松葉亭

- 甲府市徳行3-3-1
- 055-233-8825
- 11:30～13:30 (L.O)
  18:00～20:30 (L.O)
- 休 日曜
- 税 込

2014年 6月25日放送

一見、日本料理店とは思えないようなモダンなただずまいに、木を基調とした落ち着いた雰囲気の店内。ここで、腕を振るうのは志水彦元さん。和食一筋40年のベテラン料理人です。

人気メニュー
松葉亭懐石 5,400 円
※写真はコース料理の一部、前菜です。

煮物
（小ヤリイカと野菜の炊き合せ）

2014年
6月25日放送

欧風料理 カブーロ

📍 甲斐市島上条1719-4
📞 055-277-1463
🕐 11:30〜14:00頃
　　18:30〜21:00頃
　　※予約制
休 火・水曜
税 込

明るく解放感にあふれる店内は、オープンキッチン。オーナーシェフの石川正仁さん。この道39年のベテランシェフです。

人気は**ランチコース 1,950円〜**
前菜やメイン料理を何種類からか選べるプリフィクススタイルが嬉しいです。

この日選んだメイン料理は、牛ホホ肉の柔らか煮込み。表面をこんがり焼いて旨みをとじこめ、特製ソースでじっくり5〜6時間ほど煮込んだもの。ソースも少し酸味があって、赤ワインがいいアクセントになっています。
前菜で人気の砂肝のサラダや、オードブル5種の盛り合わせ(グループごとに選べる)、メイン料理の鴨のコンフィなど、クセになるメニューが多数あるので要チェックです。

スティル ドゥ ヤナギ

- 甲府市住吉5-1-19
- 055-237-6676
- 11:30〜14:00(L.O)
  18:00〜21:30(L.O)
- 休 火曜
- 税 込

2014年
7月2日放送

オープンキッチンで親しみやすい店内。ご主人は、柳信一さん。東京や埼玉で修業を積み、なんとフランス料理歴は約33年。「スティルドゥヤナギ＝柳流」という名前の通り、こちらのレストランには、柳オーナー流のこだわりがそこかしこに。

〜 柳流 〜
① お客さんの表情を知るためのオープンキッチン
② お客さまにぴったりのメニューを提供

オードヴル・メイン料理・デザートをお得に楽しめる
ランチコース 1,900円〜は、メニューの中から好きなものを選べるプリフィクススタイルが人気。メイン料理の一品である、「地鶏のロースト 野菜クリームソース」は、オープン当初から人気を集める定番メニューです。

2014年
7月2日放送

郷土料理 古今亭

- 笛吹市石和町川中島78-1
- 055-262-2627
- 11:00～14:00
  ※昼の営業は7月、8月は休み
  18:00～26:00
- 休 木曜
- 税 込

店内は、古き良き日本を感じさせる落ち着いた雰囲気。ご主人の平賀浩さんは、ほうとうに惚れ込んで33年のベテラン。
「こだわりは毎日行う手打ち麺」
おばあちゃんの耳たぶくらいのやわらかさを目安に、かたすぎず、やわらかすぎない絶妙の麺を作り出します。

おすすめ かぼちゃにこだわり！
焼きほうとう 1,000円
香ばしく焼かれた味噌が絡んで美味しい！
手打ちならではのもっちもち＆つるつるとした食感も最高！

おすすめ この夏絶対食べたい！
冷やしおろし麺 900円

※郷土料理など、100品以上のメニューあり！
無尽などにもぜひご利用ください。

麺屋 かばちたれ

- 笛吹市石和町川中島465
- 055-287-8009
- 17:00〜25:00
- 月曜
  ※月曜が祝日の場合その翌日
- 税込

2014年
7月9日放送

石和温泉街のテナントの一角。
店長の古屋裕二さんがおすすめするこちらの看板メニューが…

この夏必食！
飛辛らーめん 800円
うまいんだけど辛い。辛いんだけどうまい！！
お箸が止まらない。やみつきになります。

こちらもぜひ！
**トロトロオツマミチャーシュー
1,000円**

2014年
7月9日放送

焼肉 いっとう家

- 笛吹市春日居町熊野堂291
- 0553-26-5529
- 17:00～24:00 (L.O 23:30)
  ※日曜は23:00閉店
- 休 月曜
- 税 別

土日は大賑わいでなかなかお店に入れないほどの人気店。人気の秘密は、仕入れるお肉。"原木"という、20キロ、30キロあるお肉を仕入れるこちら。ご主人の田中正人さんは、少しでも安くお客さんに提供したいとこのサイズでお肉を調達。昔、肉の卸売業者に勤めていたことから、その人脈で安く仕入れることができるそう。

一番人気！
王様ハラミ 1,800円
驚くなかれ、そのボリューム、1枚なんと250g！しかも、柔らかくて、脂ものってる！

<他のおすすめ>

・A5 ザブトン 1,800 円
　芸術品ともいえる美しいサシ！！

・満腹セット 4,980 円
　3～4人前のお肉とサラダ等つき

美味しいお肉をリーズナブルに。そんなご主人の愛情が人気の秘密なんですね。

お好み焼 きゃべつ畑

- 笛吹市石和町四日市場1819
- 055-262-9199
- 11:30〜14:00(L.O)
  ※月・水・金のみ
  19:00〜25:00頃
  (L.O24:00)
- 休 日曜
- 税 込

2014年
7月16日放送

国道20号のすぐ北側のテナントの1画にあるお店。オープンから20年。
オーナーは、兵庫県明石出身のママさん。「山梨で関西風のお好み焼きが食べられれば」とお店を始めました。

きゃべつ畑特製
関西風牛すじ入お好み焼き 980円

◆企業秘密 ◆ふわふわ材料＋ ◆具を生地に混ぜずに、上にのせていくスタイル
見た目にも、胸が高まる♡

人気No,1メニュー
ネギ焼 1,000円

たっぷりのネギ入り、ふわふわに焼いたお好み焼きに、しょうゆをかけて。焦げたしょうゆの風味が、たまらなく美味しい逸品です。

ぜひ、明るい奥様のアイデアメニューを味わってみてください。

2014年
7月16日放送

酒彩 縁屋

🏠 中央市布施2459
☎ 055-273-8882
🕐 17:30〜24:00
　　　(食べ物L.O23:00)
　　　(飲み物L.O23:30)
休 月曜
税 込

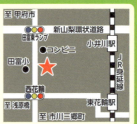

中央市・田富小学校の向かいにあって、落ち着いた和の空間。美味しい料理と、お酒が楽しめるお店です。50種類ほどのお酒が並び、眺めているだけでも楽しい。

オススメはなんと言っても
青春のトマト焼きそば 650円
中央市特産のトマトを使用したご当地メニューです。

トマトの甘酸っぱさとソースのコクが絶妙。トマト、フジザクラポーク、勝沼産ワインなど地元のものにこだわった本格派の味だからこそ出せる深いコクなんです。
くせになる美味しさをぜひ！！

創作料理 HIROSE

- 🏠 甲斐市龍地3579-13
- ☎ 0551-28-8765
- 🕐 11:30～14:00
  18:00～21:30
- 休 日曜
- 税 別

2014年
7月23日放送

響が丘の住宅街にある一軒家のお店。
オーナーの広瀬純さんは、東京・日本橋の高級料亭「濱田家」で修業を積み、和食だけでなく様々な創作料理を手がけます。メニューはなんと80種類！

一番人気 贅沢気分間違いなし♪
お刺身御膳 1,500円

内容は季節により変わるが、約15～16種類の海の幸がどどーん！
新鮮で珍しい魚が安く手に入るそう。
「海がない分、新鮮で美味しい刺身を食べてほしい」
そんな心意気で、赤字覚悟で提供しているそうです。

カニワッパ御膳 2,300円

ワッパと呼ばれる木の器に夏のスタミナ源の「うなぎ」がたっぷり。絶妙な蒸し加減で、ふわっふわです。自家製のローストビーフや揚げ物などもついた豪華メニューです。
他にも、パスタやデザートにも創作の腕が光ります。

2014年
7月23日放送

韓国ダイニング 味韓

- 甲府市千塚2-4-24
- 055-288-9091
- 11:30～14:30
  17:30～23:00
- 休 水曜
- 税 込

甲府市千塚にある韓国ダイニング。ログハウス風の建物が目印です。オーナー・金祉里さんは、山梨で結婚。料理を食べた友人のすすめで店をオープンしました。

おすすめメニュー
石焼ビビンパ　940円
スンドゥブチゲ　880円
ニラチヂミ　840円

お店のメニューの半分以上が辛くなく、お子さんが食べられるメニューもたくさんありますよ。辛さも、調節してくれるので、嬉しいですね。テイクアウトはほとんどのメニューで可。

御食事 割烹 花月

- 甲府市湯村3-2-25
- 055-252-5007
- 11:00～14:00
  17:00～22:30
  (L.O21:30)
- 休 木曜
- 税 ランチ 込
  夜 別

2014年
7月30日放送

店内には生簀があり、中にはアユやイワナ、岩ガキなど、沼津直送の新鮮な魚介類たちが泳いでいます。なんと、こちらでは注文を受けてその場で調理してくれるんです。この道25年の窪田真一さん。鮮度を落とさぬよう、熟練の包丁さばきで素早く仕上げます。

花月特製海鮮丼 950円

酢飯は注文を受けてから、少し甘めに作ります。上にのるのは…中トロ!カツオ!カンパチ!他にも、ホタテ・生ダコ・甘エビ!生シラス・ウニも豪快に!しかも、お味噌汁・小鉢・玉子焼き・お漬け物・デザート付ときた～!!(ランチはデザートは付きません)
※刺身は仕入によって変わります。

花月名物 鮮度抜群♪♪
鯵のたたき 850円

生簀からそのまますばくので、ぷりっぷりのピッチピチ!なんとも言えない歯ごたえの良さに、ほどよい脂の味わい。ああ、心までピッチピチです。

お得過ぎでしょう!!もちろん、味だって最上級。口の中で溶けていく、新鮮な魚たち。
ご主人の心意気の詰まった海鮮丼に、大大大満足です。

2014年
7月30日放送

石臼挽自家製粉純手打蕎麦 一草庵

- 甲府市飯田5-5-20
- 055-226-4336
- 11:30〜13:40
  17:30〜20:00
- 月曜
  ※祝日の場合は火曜
- 別

荒川沿いにあるお店。手打ちにこだわってお蕎麦を提供しています。一草庵のこだわりは、①厳選した国産玄そば、②毎回、使う分だけ石臼で挽く、③ご主人の丁寧かつ熟練のそば打ち。香り・甘み・のど越しにかけては、蕎麦通も唸る仕事ぶり。

自慢の逸品

穴子天ざる蕎麦 1,650 円

蕎麦＋一匹まるまるの穴子天ぷら。衣はさくっ、中の身がふわっふわ。一度食べれば病み付きになること請け合いです。

桜海老天ざる蕎麦 1,600 円

手打ち蕎麦との相性が抜群で、ひと口食べると、桜海老の風味が口の中いっぱいに広がります。

とんかつ とん季

- 甲府市徳行5-13-22
- 055-227-8229
- 11:30〜14:00 (L.O)
  17:00〜21:00 (L.O)
- 毎週火曜、第3火・水曜
  ※祝日の場合は夜のみ営業
- 税込

2014年
8月6日放送

甲府市徳行の国道20号沿いにあるお店。創業25年、内装は掘りこたつもあってゆっくりできる空間です。ご主人の田中功さんはこの道33年、トンカツ好きが高じて独学でお店をオープンさせたそう。こちらには、オリジナルのとんかつメニューがあるんです。

特ロースかつ定食(200g) 1,850円

上質な国産豚を使用。衣のサクサク感に、お肉の旨味と脂の甘味が際立つ食べごたえのある一品です。

おすすめ
キムチーズかつ鍋 1,520円
しょうゆベースのだし汁に、キムチとチーズにカツ。
食欲UPで、スタミナが付きますよ!

ご主人曰く、今後も、お客さんの「美味しい」のひとことのために、遊び心満点のメニューを作っていきたいそうです。

2014年
8月6日放送

つな亭

- 甲府市湯田1-12-11
- 055-288-0027
- 平日　11:30～14:00
　　　　17:30～22:00
　日・祝日　11:30～14:30
　　　　17:30～21:00
- 休　水曜
- 税　別

甲府市湯田の青葉通り沿いにあるお店。
駐車場も35台停められるんですよ。

自慢の逸品
天然マグロの三種盛り 1,000円

天然のメバチマグロを使用。
①希少価値の高いマグロのホホに
②お馴染みの赤身
③そして大トロに匹敵するほど脂ののった脳天
の3種が贅沢にも一皿に。
ホホはマグロ1匹から2枚しか取れないそうですから、超希少！
また、同じく貴重な「脳天」も口の中でトロンと溶けて脂がのってます。

旨味凝縮！
特大カマ焼き 1,500円 ※要予約

香ばしく焼いた塩焼きにしたカマ、大きくって、贅沢サイズ！コラーゲンたっぷりなところや、いい脂がのっている身、旨みが凝縮された部位をポン酢でさっぱりと！

マグロの中落ちと中トロの炙り漬丼 890円

炙るとよりおいしい部分を炙りにして、剥き身とのハーフ＆ハーフで頂く贅沢な一杯。

ホームページもあるので要チェック。

麺 は組 2号店

- 甲府市徳行2-8-1 ウェルネスゾーン内
- 055-228-8355 (1号店)
- 11:00〜22:00
- 休 無
- 税 込

2014年
8月13日放送

甲府市のグルメスポット、ウェルネスゾーンの一角。看板には…「蕎麦にラー油を入れるのか」。蕎麦にラー油？どういうこと？店長の佐藤正人さんにその真相を聞きました。

黒カレー肉そば 990円
とってもくせになっちゃう味なんです。

日本そばがもっと多様化して、たくさんの人に美味しく食べてほしい。そんなご主人の思いが生んだ、絶品アイデア蕎麦が目白押しですよ。

※通な食べ方も教えてもらいました
残った「めんつゆ」に「そば湯」、「魚粉」入れて「追い飯」を追加。豪快にお茶漬け風にすれば、これまた、くせになる味。

2014年
8月20日放送

はじめの一歩 地どりのうえ田

🏠 甲府市上石田4-9-3
📞 055-234-5210
🕐 18:00～26:00
休 第2火曜
税 別

お店の中は、とてもモダンな雰囲気。カウンターの上には食材の産地や、農家さんの写真が入った大きなパネルが飾られています。コンセプトはずばり、「地産地消」。甲州地どりを中心に、山梨県産の食材にこだわった料理が揃っています。

おすすめセットメニュー
はじめの一歩セット 1,980円

◆1品目「甲州地どりの地獄焼き」
◆2品目「甲州地どりの2部たたき」
◆3品目「地たまごの出汁巻き」

おすすめ
ほうとうカルボナーラ 800円
地たまごとほうとう麺と山梨の食材にこだわったオリジナルメニュー。シメには最高、女性にはたまらないとろとろクリーミーメニューです。

※ 個室も充実。ご予約の上ご利用ください。カード可。

焼肉マルキン

- 甲府市伊勢3-4-5
- 055-231-8989
- 11:30～14:30 (L.O14:00)
  17:00～23:00 (L.O22:30)
- 休 水曜
- 税 別

2014年 8月20日放送

甲府市伊勢にある、人気の焼肉店。
広い店内は100人まで入れるんです。

自慢の逸品
リブロース 1,980円～

厚みがありサシも十分入った極上肉。炙る程度のレアがおすすめで、旨みが逃げず最上級に仕上がります。箸で持ったら切れるくらい柔らかい肉質にもかかわらず、上品な脂の甘さが口いっぱいに広がって至福の瞬間！

おすすめメニュー マルキン特製
マルキン石焼ビビンバ 890円

自家製のオリジナルたれに、卵焼きが乗ったオリジナルスタイル！じゅわ～っと広がるピリ辛のタレと、卵焼きのフワフワがなんともやみつきにどこか懐かしい、でも斬新なビビンバ！シメにもぴったりですよ。

※お得なファミリーセットあり！
　お問い合わせください。

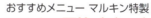

2014年
8月27日放送

Kitchen's Bar Kū (クゥ)

- 🏠 甲府市高畑2-15-17
- ☎ 055-227-7398
- 🕐 18:00～26:00
- 休 日曜
- 税 込

甲府市高畑にある「キッチンズバー Kū」店主・金子広明さんが提供する料理は珍しいものばかり。

ホタテと海老のバジルクリーム 1,300円

+200円で麺の片側がフリル形の「トリポリーニ」に変更することができます。プリップリのホタテと海老。
さらに波型の部分にバジルソースがよく絡んで美味しいんです。

特製ビーフシチュー 1,800円

じっくりコトコト煮込んだデミグラスソースと、箸で切れる柔かさの黒毛和牛。
実は、「Kū」のご主人は、有名な洋食レストランで腕を磨いた経歴を持っていて、どの料理も本物の美味しさなんですよ。

横浜家

- 🏠 甲府市高畑2-15-17
- ☎ 無
- 🕐 11:30〜14:30 (L.O14:00)
  18:00〜22:00
- 休 火曜
- 税 込

2014年 8月27日放送

横浜発祥のラーメンで、豚骨しょうゆのスープに、太目のストレート麺が基本。ご主人の井上博仁さんが、朝一番で仕込むスープ。すべて手作業で、豚骨から余分な脂をとり、臭みをとるため、熱湯で血抜き。開店以来、継ぎ足しながら使っているこだわりのスープがこちらの決め手。

チャーシューメン 860円

どどーんとのったチャーシューは4枚!!
濃厚な豚骨スープは、臭みは全くなく、あと引く旨さ。
一滴のこらずスープを平らげたくなる一杯です。

＜その他おすすめ＞
・味噌つけ麺 760円
・さっぱり正油つけ麺 760円

こちらも試してみては!!

特集 秋の陣
2013年
10月7日放送

八ヶ岳倶楽部

- 北杜市大泉町西井出 8240-2594
- 0551-38-3395
- 10:00〜19:00
  ※オープン時間、ラストオーダーは季節により変動します
- 休 無　※冬季は休業あり
- 税 込

「雑木林」が一番のごちそう!
四季折々の雑木林を眺めながら、のんびりとお茶やお食事をどうぞ!!

いただいたのは、
フルーツティー
小 (1〜2名様用) 1,728円
大 (3〜4名様用) 2,592円

フルーツティーをいただきました。
7種類ものフルーツが入っており、
人気が高いんです!!

但馬家幸之助

- 北杜市小淵沢町1549-5
- 0551-20-5400
- 平日 11:30～14:00
  　　　17:00～22:00
  土日祝 12:00～14:00
  　　　17:00～22:00頃
- 休 無 ※臨時休業あり
- 税 込

特集 秋の陣
2013年
10月7日放送

平成11(1999)年に開店したお店。八ヶ岳の麓にある自営牧場の健康な黒毛和牛を使っているんです。

まずいただいたのは
特選サーロイン 2,156円
口の中に広がる甘味!

続いていただいた特選ヒレは…
脂身が少ない分、お肉の味がダイレクトに届きます!
ラーメンも人気メニューの1つ。
自営牧場で育てた黒毛和牛の牛筋スープが絶品です。濃厚ですが、あっさりもしている激うまスープでした!

特集 秋の陣
2013年
10月8日放送

魚 ZENZOW

🏠 北杜市大泉町西井出
8240-6989
☎ 0551-38-3077
🕐 11:30〜13:45 (L.O)
　18:00〜21:30 (L.O)
休 日曜・水曜ランチ
税 込

元フランス料理のシェフだった鈴木全さんが美味しい魚料理を作ってくれます！お店はアメリカンテイスト。
ネタは横浜の市場から直送！！

特上 海鮮丼!! 1,500円
その日によって、乗っているネタは違いますが、10種類ほど。ごはんがなかなか見えないほど。

また、魚屋の海鮮辛口カレーは御主人の腕が光ります！
さらに、ヒュームドポアソン（魚介と香味野菜から取った出汁）を基本にした醤油ベースのあっさりラーメンもシメに最適！
美味しいですよ!!

おさかな屋 きたいさん

- 甲州市塩山下於曽1615
- 0553-33-7225
- 10:00～19:30
  食堂は11:30～ランチ14:00まで
  ※600円ランチ以外は夜まで食事できる
- 休 火曜
- 税 込

特集 秋の陣
2013年
10月8日放送

御主人の北井寿一さんは魚を美味しく食べさせるプロ。店内には旬の魚が50種ほど並びます。
店内では定食が楽しめて、注文を受けてから作りはじめます。

四季の御膳 1,000 円

焼き魚、お刺身、フライなどなど、ボリューム満点！！

きたい丼 1,000 円

「日本人の文化、魚文化を絶やしたくない」
その気持ち、頭が下がります！
いただきます！！

特集 秋の陣
2013年
10月9日放送

山梨石和温泉 ホテルふじ

- 笛吹市石和町川中島192
- 055-262-4524
- 18:00～20:30
- 休 無
- 税 込

四季折々の旬を味わえる
季節の創作バイキング

中学生以上　5,000円
小 学 生　3,500円
未 就 学 児　2,500円

お寿司の実演を間近で見ることができます。
皆様のお越しをお待ちしています。

ハイランドリゾートホテル&スパ フジヤマテラス

- 🏠 富士吉田市新西原5-6-1
- ☎ 0555-22-1000
- 🕐 11:30〜15:00（最終入店14:00）
  17:30〜21:00（最終入店20:00）
- 休 無
- 税 込

特集 秋の陣
2013年
10月9日放送

大人も子供も大満足の
ランチバイキング！
シェフが目の前で調理するローストビーフ・
焼きたてピザ・生ハムカットサービス！

大　人	2,600円
シニア	2,340円（65歳以上）
小学生	1,820円
幼　児	1,040円

富士山を一望できる開放的な空間で80種類の
ランチブッフェをお楽しみください！

特集 秋の陣
2013年
10月10日放送

パティスリー フルヴィエール

- 🏠 山梨市上神内川1234
- ☎ 0553-23-3020
- 🕙 10:30〜18:00
- 休 水曜、第1・3火曜
- 税 別

賞味期限が短すぎるスイーツ。
パティスリー フルヴィエールにそのスイーツはありました！

1日限定30個！！賞味期限60分
その名も、
シュー・ア・ラ・クレーム 220円
サクッといい音が食べるたびにします。

ご主人の徹底した温度管理で焼き上げられる、サクサクの生地☆その食感を少しでも長く保つために、クリームは注文があってから一つ一つ丁寧に入れていきます。

サクサク感にこだわっているため、賞味期限が設けられているんですね。
サクッ
サクッ
食感を楽しんでください！！

ショコ・ラ

🏠 甲府市国玉町976-3
☎ 055-227-7455
🕐 11:30～15:00
　 17:30～22:30
休 木曜
税 込

特集 秋の陣
2013年
10月10日放送

代表、小池清明さんにお話しを聞きましたよ。

**天使のエビとワタリガニの
トマトクリーム 1,400 円**
※ランチタイムにご注文いただくと、
　1,200 円です。

デザートは
ベルギーワッフル 580 円 が
おすすめです。
いただきまーす！！

特集 秋の陣
2013年
10月11日放送

お食事処 はくさい

- 山梨市牧丘町窪平453-1
  花かげの湯併設
- 080-5033-8931
- 11:00〜20:30
- 月曜 ※祝日の場合は翌日
- 税別

大盛り特集！！
大盛りメニューをいただきました！！

穴子天丼!! 1,190円
丼からはみ出るほどの天ぷらの多さ！！
カリカリの衣の中には身が柔らかい穴子が！

さらに大きな丼があって…
「富士山丼」！！
富士山の大きさのように、天ぷらたちが、そびえたっていました！！
エビの天ぷらが12本、穴子天ぷらは2つなど！全部で5人前です！！とても美味しかったっす！押忍。

れすとらん 大清'

- 甲斐市龍地6657-3
- 0551-28-4129
- 昼 平日 11:00〜14:00
  土日祝 11:00〜14:30
  夜   17:00〜21:00
- 休 木曜
- 税 込

特集 秋の陣
2013年
10月11日放送

大盛り特集にてテレビ初登場した、
れすとらん大清'。

大清'超ジャンボカツ！！
1,030円

重量500グラム！厚さはなんと5センチ！！
ソースをいつもよりも多くかけていただきまーす！

思いっきり口を開いても入らない！
お肉は柔らかくうまい！！
とても美味しかったです！

お得な サービス情報

＜ご利用にあたってのご注意（全店共通）＞

利用期限は<u>2017年6月30日</u>まで。本書を該当店にご持参の方に限り、各店1グループ1会計のみ使用可。コピー不可。
他のサービス、クーポン券との併用は不可。原則として注文時に提示。
利用条件によってはサービスを受けられない場合があります。詳細は各店にお問い合わせください。

ページ	店名	サービス内容	店舗チェック欄
16	中華料理 天華	サラダ、デザートをサービス	
17	イタリアンレストラン&バー るびい	1会計限り100円引き	
19	すし処 魚保	1会計限り100円引き	
20	スイーツ&ダイニング リロンデル	ミニアイス人数分サービス	
21	miu's café	1会計限り100円引き	
23	旬味屋 福禄寿	1会計限り100円引き	
24	イル・キャンティ 甲府店	1会計限り100円引き ※ディナータイムに限る	
25	和風焼肉 和志牛	5,000円以上ご飲食のグループに日替わりサラダサービス ※ディナーに限る	
26	元祖とんこつ久留米ラーメン 山亭	替玉1玉サービス、 100円トッピング1つサービス	
27	福寿司	女性限定 チーム・シェフ・コンクール受賞商品「福寿司の漬けチーズ」グループ全員にプレゼント	
28	和遊工房 どりき	1会計限り100円引き	
29	大衆魚場 がり	1会計限り100円引き	
30	横浜家系ラーメン大黒家 昭和本店	トッピング1品無料（昭和本店のみ） 小ライス、味玉、のり、うずら、ほうれん草、チャーシューのいずれか ※ラーメン注文の場合のみ	

ページ	店名	サービス内容	店舗チェック欄
31	地酒 小料理 哲	1会計限り100円引き	
32	てっぱん 秀	1会計限り300円引き	
33	6	1会計限り100円引き	
34	炭火焼肉 みゅうみゅう	大人気厚切りハラミ1,080円を半額に ※お一人様1人前まで	
35	やきとり 鳥笑	ウェルカム生ビールサービス	
36	市場寿司	ネター品サービス	
37	パスタ&カフェ グラニータ	グラスワインまたはソフトドリンク1杯人数分サービス ※ディナーに限る	
38	甲州地どり庵 一π	グループ全員にバニラアイスサービス	
39	トラットリア ピッツェリア イル・ポッジョ	本場ナポリのエスプレッソまたは本日のジェラートを人数分サービス ※ディナーに限る	
41	パスタと肴 MoRimoto	1会計限り100円引き	
43	maison de sato MIRABELLE	粗品プレゼント	
44	洋麺屋 楽	グラスワインまたはソフトドリンクをサービス ※スパゲティー注文の方に限る	
46	日本料理 遊	ワンドリンクサービス	
47	ムッシュー・オダ	記念日のお客様にデザートサービス ※ディナータイムに限る	
48	クリザンテーム・シゲトモ	グラスワインまたはソフトドリンク1杯を人数分サービス	
49	武蔵屋本店	1会計1回限りお一人様当たり500円引き ※予約時申し入れに限る	
50	新中国料理 大三元	生ビール（ミニ）またはソフトドリンクまたは特製杏仁豆腐をサービス。1冊で4名様まで	
51	割鮮 岡	1会計限り100円引き	
52	ビストロ ミル プランタン	グラスワインまたはソフトドリンクをサービス	
54	寿司割烹 いづ屋	本書1冊につきお一人様に粗品贈呈	
55	ルミエールワイナリーレストラン ゼルコバ	1会計限り100円引き	

ページ	店名	サービス内容	店舗チェック欄
57	喜多八	一品サービス （杏仁豆腐・もつ煮等）	
58	ジョイアルカレーサロン甲府店	グラスワイン人数分サービス	
60	キュイエット	1会計限り100円引き	
62	とんかつ直治朗	デミタスコーヒーまたはデザートサービス	
63	中華レストラン さんぷく	餃子一人前サービス ※お食事のお客様1回限り	
64	焼肉 四季	グループに自家製つけ物1品サービス ※ランチセット不可	
65	串亭 福よし	お店のおすすめ一品サービス	
66	割烹 おぶね	1会計限り100円引き	
67	そば処 和家	お店のおすすめ一品サービス	
69	助六鮨	1会計限り100円引き	
70	とんかつ 炭火串焼 一心	1会計限り100円引き	
71	りょうり屋 恩の時	デザート1品、人数分サービス	
72	手打ちうどん 麦秋庵	店長おすすめ！黒糖焼酎朝日壱乃醸（通常1杯600円）をお一人様1杯サービス	
73	レストランバー ハミル	1会計限り100円引き	
74	うなぎ あけぼの	1会計限り100円引き	
75	上海食堂	1会計限り100円引き	
76	うまいもん屋 ふじまき	サラダサービス	
78	炭火やきとり トリコ	ウェルカムドリンクサービス	
79	そば処 ことぶき	1会計限り100円引き	
84	カントリーキッチン ロビン	ソフトドリンク1杯サービス	
86	びすとろ萄Pē溜	1会計限りお一人様100円引き	

ページ	店名	サービス内容	店舗チェック欄
88	欧風料理 カブーロ	グラスワイン（赤・白）またはソフトドリンクいずれか1品をお一人様に限りサービス ※ディナーに限る	
89	スティル ドゥ ヤナギ	おまかせデザート一品サービス	
90	郷土料理 古今亭	1会計限り100円引き	
91	麺屋 かばちたれ	1会計限り100円引き	
92	焼肉 いっとう家	5,000円以上のご飲食で、タン塩切り落とし一皿サービス	
93	お好み焼き きゃべつ畑	1会計限り100円引き	
94	酒彩 縁屋	1会計限り100円引き	
96	韓国ダイニング 味韓	ソフトドリンク1組1杯サービス	
97	御食事 割烹 花月	ウーロン茶またはグラスビール ※お一人様のみ一杯サービス	
99	とんかつ とん季	ソフトドリンクお一人様のみ1杯サービス	
100	つな亭	特大カマ焼き1,000円で提供 ※予約時申し入れに限る	
104	Kitchen's Bar Kū	1会計限り100円引き	
105	横浜家	味玉子、のり増、ほうれん草増のいずれか一品サービス	
108	魚ZENZOW	グループ全員にデザートのアイスクリームサービス	
109	おさかな屋きたいさん	店内でお買い物の際、特売品以外！全品1割引	
111	ハイランドリゾートホテル&スパ フジヤマテラス	1会計限り100円引き	
112	パティスリー フルヴィエール	1会計限り100円引き ※3,000円（税別）以上のお会計時（一部対象外あり）	
113	ショコ・ラ	1グループデザートサービス	

平成29年(2017)3月30日　第1刷発行

協力　山梨放送

編集
発行　山梨日日新聞社

〒400-8515　甲府市北口二丁目6-10
電話 055(231)3105(出版部)

制作　㈱ニュースメディア甲府

※落丁乱丁の場合はお取り替えします。上記宛にお送り下さい。
　なお、本書の無断複製、無断使用、電子化は著作権法上の例外を除き禁じられています。
　第三者による電子化等も著作権法違反です。

©Yamanashi Nichinichi Shimbun.2017
ISBN978-4-89710-492-8